DES

CONTRATS DE LOUAGE

DES TERRES.

CONGRÈS SCIENTIFIQUE.

Session d'Arras.

DES CONTRATS

DE

LOUAGE DES TERRES

ET

DES MOYENS DE CONCILIER L'AMÉLIORATION DU SOL, LES INTÉRÊTS DU PROPRIÉTAIRE ET CEUX DU FERMIER,

Par M. le Mis. d'Havrincourt,

ANCIEN REPRÉSENTANT,

Membre du Conseil général du Pas-de-Calais.

ARRAS,

Typographie d'Alphonse BRISSY, rue St.-Jean-en-Ronville.

DES CONTRATS
DE LOUAGE DES TERRES

ET DES MOYENS

DE CONCILIER L'AMÉLIORATION DU SOL, LES INTÉRÊTS DU

PROPRIÉTAIRE ET CEUX DU FERMIER,

par

M. LE Mᶦˢ D'HAVRINCOURT,

ANCIEN REPRÉSENTANT,

Membre du Conseil général du Pas-de-Calais.

MESSIEURS,

« Chercher à obtenir l'amélioration du sol, tout en conci-
» liant les intérêts du propriétaire et ceux du fermier dans les
» contrats de louage des terres, » telle est l'importante question que je suis chargé d'examiner devant vous, par votre
section d'agriculture.

Elle est digne de votre intérêt, Messieurs; de sa solution
dépend la richesse territoriale, source la plus sûre de la fortune publique, et si nous pouvions indiquer les moyens de
concilier des intérêts, qui aboutissent à l'épuisement du sol

lorsqu'ils marchent en sens opposés, nous ouvririons la voie à d'incalculables progrès, et nous préparerions le rapprochement durable de deux classes dont l'union intime est la plus certaine garantie d'ordre, de force et de prospérité pour la société.

En agriculture, Messieurs, il est bien imprudent de poser des règles générales, absolues, car les meilleurs principes dépendent dans leur application, des institutions sociales, du caractère et des mœurs des peuples, comme du climat et de la constitution du sol. Ce sont donc les institutions, les mœurs, le climat de notre pays, qu'il nous faut étudier, avant de lui rien conseiller.

Deux modes de location des terres se divisent la France en parties à peu près égales : le *métayage* et le *fermage*. Le *métayage* est usité dans le centre, le midi et l'ouest ; le *fermage* dans le nord et l'est.

Du métayage.

Le métayage consiste dans l'apport par le propriétaire, du capital de cheptel et des avances, et dans le partage des fruits entre lui et le métayer : « C'est un contrat, dit M. de Gasparin, » par lequel, quand le tenancier n'a pas un capital ou un cré- » dit suffisant pour garantir le paiement de la rente et les » avances du propriétaire, celui-ci prélève cette rente par » parties proportionnelles sur la récolte de chaque année, de » manière que la moyenne arithmétique de ces proportions » annuelles représente la valeur de la rente. »

Cette définition, en indiquant les conditions dans lesquelles le contrat est passé, est à elle seule une justification de cet usage imprudemment attaqué par ceux qui, voulant toujours généraliser, ont présenté des analogies incomplètes, et porté des jugements hasardés.

Le métayage est sans contredit un contrat de louage infé-

rieur en lui-même au système des baux : il maintient parfois
dans l'indolence le métayer qui, ne risquant pas ses capitaux,
sa fortune privée, et n'ayant qu'une partie des produits de la
métairie, se contente souvent de trouver son existence, et
s'occupe peu de progrès ; il est une lourde charge pour le
propriétaire, qui est tenu à une surveillance perpétuelle ;
tout cela est incontestable.

Mais le métayage présente aussi de précieux avantages dont
nous ferons ressortir quelques-uns. D'ailleurs il y a une raison
d'être à laquelle il n'y a rien à répliquer ; c'est qu'il est d'une
nécessité absolue dans la plupart des pays où il se pratique,
parce que le sol et le climat y rendent les récoltes si chan-
ceuses et si variables, qu'il faut beaucoup d'avances pour
cultiver, et parce que la classe agricole y manque de capitaux.

Dans les temps historiques les plus reculés, sous les Egyp-
tiens dont les usages nous sont retracés par les immenses
travaux qui décorent leurs tombeaux (1), le sol était exploité
par les propriétaires à l'aide d'esclaves. Il en fut de même
sous presque toute la domination romaine.

Après que le christianisme et le manque de nations à
conquérir eurent fait disparaître l'esclavage chez les romains,
il a fallu bien des siècles pour qu'il se formât une classe agri-

---

(1) Champollion a même retrouvé dans des tombeaux qui présentent une succession de plusieurs siècles, la chanson qui mettait les
bœufs en mouvement lorsqu'ils battaient de leurs pieds les gerbes de
blé :

> Battez pour vous (bis),
>   Oh bœufs ;
> Battez pour vous,
> Des boisseaux pour vos maîtres.

On retrouve le même usage chez les juifs et un rapprochement
curieux avec ce refrain ; « Battez *pour vous*, oh bœufs ; » dans la loi
de Moïse, qui défend de lier la bouche du bœuf qui bat le blé dans
l'aire :

> Non alligabis os bovi trituranti.

cole assez riche pour prendre des terres à bail à ses risques et périls, et faire toutes les avances nécessaires à la culture.

Le métayage a été la transition nécessaire entre les deux systèmes.

Le propriétaire, qui seul a les capitaux, fait les avances, puis, au lieu de payer des ouvriers et de conserver tous les produits, il intéresse ces derniers à son exploitation en les appelant à partager les fruits de leur travail et de son capital.

Il y a dans cette association, des conditions si légitimes, si morales, si fertiles, que loin de repousser ce contrat d'une manière absolue, il faut convenir que là, où le propriétaire habite sa terre et s'en occupe, comme dans l'Ouest de la France, il renferme de précieux éléments de bien être et de prospérité.

La nécessité d'avoir sans cesse des intérêts communs rend les rapports fort doux et la supériorité inoffensive. Le propriétaire est bon, et le métayer, qui, en général a succédé à son père, est honnête parce que de son honnêteté dépend la conservation de l'existence de toute sa famille; il est tranquille sur son avenir, car il ne risque ni son capital ni ses économies, et il ne paie ni impôts directs, ni impôts indirects; enfin, comme dit encore M. de Gasparin : « Courir » ensemble les mêmes chances, craindre les mêmes fléaux, » se réjouir des mêmes évènements, pleurer les mêmes » pertes, c'est établir une confraternité qui ne laisse pas » prise aux mauvaises passions et qui développe les bons » instincts. »

Dans ces conditions, le métayage est donc un excellent mode d'exploitation du sol, et il arrive précisément au but que nous nous proposons : l'amélioration du sol en conciliant les intérêts du propriétaire et ceux du fermier.

Sans doute pour les propriétaires qui habitent loin de leurs biens, dont les intérêts ou la carrière rendent la surveillance impossible, ou enfin qui ne trouvent pas chez leurs métayers l'honnêteté et l'attachement qui applanissent bien des difficultés, sans doute alors pour eux, le métayage est un contrat très-onéreux. Ils sont obligés d'avoir des agents sur les lieux et de s'en rapporter à eux pour tous les détails de la surveillance et des estimations; et chacun sait combien sont rares les intermédiaires qui savent concilier l'activité pour les intérêts du propriétaire, avec la bienveillance dont le métayer a besoin.

De son côté, le métayer dont le maître n'a ni le goût de la propriété et de l'agriculture, ni les connaissances spéciales nécessaires pour une exploitation, sera toujours malheureux. Le propriétaire ne donnant à l'exploitation en commun, ni l'intelligence, ni les capitaux, qui seuls peuvent la faire fructifier, elle restera misérable : la part de ses fruits qui forme le salaire, l'existence même du métayer et de sa famille, ne leur suffira pas pour vivre. Dans ces conditions, les deux associés devront se séparer au plus tôt.

Le métayer fera bien mieux de redevenir laborieux ouvrier, ne dépendant plus que de son propre travail, et le propriétaire devra faire tous ses efforts pour préparer peu à peu la transition du métayage au fermage.

Cette opération est toujours fort délicate. Le propriétaire qui voudra faire cette tentative, devra nécessairement commencer par donner à sa terre des avances qui enrichissent assez le métayer pour qu'il ose faire des entreprises pour son propre compte. Ensuite le propriétaire pourra successivement convertir sa propre part sur certains produits en une rente fixe : il lui faudra seulement avoir soin d'essayer d'abord cette transition par les bestiaux et par les prairies artificielles, et de finir par les céréales. Il trouvera deux avantages à suivre cette méthode : le premier, c'est qu'il commencera par se débarrasser des produits les plus difficiles à apprécier et par suite à partager ; le second, bien plus important, c'est qu'il mettra à profit dans l'intérêt du sol et par conséquent de l'association, la tendance qu'aura toujours le métayer à augmenter les produits qui lui reviennent en entier moyennant une rente fixe, au détriment même de ceux qu'il partage encore. Il augmentera donc le nombre de ses bestiaux, l'étendue de ses prairies, et par suite la masse de ses engrais : de cette augmentation résultera infailliblement celle de la fertilité du sol et des produits, et bientôt le métayer, éclairé, enrichi par ses succès, sera le premier à demander un bail à rente fixe pour sa ferme entière, devenue fertile et d'une exploitation plus sûre.

Cependant le propriétaire ne devra agir qu'avec prudence, pour éviter les mécomptes arrivés dans le midi en 1822 et 1823. Les hauts prix et les bonnes récoltes de 1815 à 1821 avaient engagé les métayers à demander des baux, et plusieurs contrats furent passés ; mais bientôt les prix baissèrent, les récoltes furent mauvaises ; les métayers, dont les ressources furent promptement épuisées, demandèrent la résiliation de leurs baux, et force fut de revenir au métayage.

Nous le répétons, lorsque la population agricole ne possède ni capitaux, ni terres, lorsque le climat et le sol rendent les produits irréguliers et chanceux, lorsqu'enfin le propriétaire ne veut pas cultiver lui-même, alors le métayage est une nécessité. Ce sera au propriétaire à chercher le meilleur agent pour surveiller ses affaires, et il fera bien de l'intéresser dans les produits afin de stimuler son zèle et son activité.

Il y a peu de conseils à donner pour les terres soumises au métayage afin d'arriver au but que nous nous proposons : *l'amélioration du sol, et la conciliation des intérêts du propriétaire et du métayer*.

La conciliation ici est toute faite, puisque les intéressés sont associés dans l'exploitation et dans les produits ; toutes les améliorations viendront de l'intelligence du propriétaire dans la direction donnée à ses avances, et du caractère du fermier.

C'est au propriétaire qu'appartient toute l'initiative : c'est donc de son intelligence, de son instruction que dépendent presque tous les progrès.

Nous verrons plus tard à quelles conclusions nous conduit cette importante considération.

Du bail ou fermage à prix fixe.

Le fermage à prix fixe est le contrat usité dans les pays où les cultivateurs sont assez riches pour faire les avances, et courir les chances qui sont la conséquence d'un bail. Ce système est, sans contredit, le plus parfait, et c'est celui vers lequel tend la propriété, depuis que la suppression de l'esclavage a fait cesser l'exploitation du sol par les propriétaires eux-mêmes.

Il faut à une nation des hommes qui se consacrent aux carrières publiques et qui aient par conséquent toute leur liberté d'action. Ces fonctionnaires sont donc forcés de se reposer sur d'autres, du soin de leurs intérêts privés et de la surveillance de leurs domaines. Pour eux les baux à rentes fixes sont précieux. A des époques déterminées, ils ont à s'occuper de la location de leurs biens ; une rente, qui représente le revenu moyen, est fixée pour un temps convenu, et jusqu'à cette échéance, le propriétaire peut consacrer tout son temps aux intérêts publics, aux études, ou à d'autres intérêts privés.

De son côté, le fermier est chaque jour stimulé par un intérêt considérable, car si, dans son exploitation, il a placé en cheptel, en avances de nourritures ou de travail, etc., un capital important qu'il doit conserver et rendre productif, en retour il touchera seul tous les bénéfices de ses avances et de son travail, ou bien il supportera toutes les pertes.

Il est évident qu'il y a dans ce contrat, des conditions de sécurité et de progrès qui ne se rencontrent pas dans le métayage. Cependant il présente des inconvénients que chacun reconnaît aujourd'hui et auxquels nous voudrions porter remède.

Il sépare presqu'entièrement le propriétaire de sa terre : celle-ci ne semble plus qu'un capital dont on lui paie l'intérêt ; il ne s'en occupe qu'au renouvellement des baux et pour obtenir le plus haut fermage possible, tout en dépensant le moins qu'il pourra dans sa ferme ; puis il confie la rédaction du bail à un notaire qui suit des formules de droit, dont le but unique est d'assurer le paiement de la rente, et jamais de s'occuper de l'amélioration du sol. Souvent le fermier entrant trouve ces terres en mauvais état ; alors s'il a neuf ans de bail, il les fume pendant les trois premières années, il les cultive bien pendant les trois suivantes, et il les épuise pendant les trois dernières. Cette condition est invariablement celle de tous les biens de main-morte, puisque tous les neuf ans leurs administrateurs sont tenus à les relouer aux enchères ; de sorte qu'on peut diviser la partie très-considérable du sol français ainsi exploité, en 1/3 que l'on remet en bon état à grands frais, 1/3 que l'on entretient, et 1/3 que l'on épuise.

Voilà, Messieurs, les tristes et trop fréquentes conséquences des baux tels qu'ils sont compris et passés la plupart du temps. Nous trouvons ici les inconvénients inverses de ceux du métayage. Le métayage enchaîne trop le propriétaire et ne stimule pas assez l'intérêt du métayer ; le fermage éloigne trop le propriétaire de son bien, et, en isolant le fermier, lui crée des intérêts trop ardents pour le présent, sans garantie pour l'avenir. C'est un état intermédiaire qu'il faudrait indiquer et obtenir.

Quelques agriculteurs le demandent à nos lois ; d'autres,

voulant imiter l'Angleterre, voient tout l'avenir de l'agriculture française dans les baux à longs termes.

Nous ne pouvons partager ces avis.

Il y aurait de graves inconvénients à faire intervenir la loi dans le détail de contrats privés dont les conditions doivent nécessairement varier suivant les pays, la nature des terrains engagés, la position et la volonté des parties. Le code civil ne peut proclamer une culture officielle, lorsque chaque jour les méthodes changent ; d'ailleurs les parties seraient toujours libres de renoncer aux avantages que leur ferait la loi, qui resterait ainsi la plupart du temps sans effet.

Quant aux baux à longs termes, depuis plusieurs années la plupart des comices et des congrès les ont recommandés et réclamés. On cite sans cesse l'Angleterre et ses admirables résultats ; puis on veut importer, de toutes pièces, en France, les méthodes anglaises.

Sans aucun doute, le bail à long terme, c'est-à-dire, de 18 et de 27 ans, est une précieuse garantie pour le fermier, et un stimulant presque toujours fertile pour l'amélioration du sol. Nous l'appelons de tous nos efforts dans tous les cas possibles, et nous joignons notre voix à tant d'autres pour demander au gouvernement qu'il encourage ce contrat, soit en réduisant à un taux fixe, le droit pour les années du bail qui dépasserait neuf ans, soit, tout au moins, en réglant la perception du droit par annuités. Ces réclamations sont si modérées et si légitimes, qu'elles seront sans doute satisfaites.

Mais la question que nous nous sommes posée est celle-ci : « L'avenir de l'agriculture française est-il réellement dans » les baux à longs termes ? »

Or, nous n'avons pas ouï dire que malgré tant de recommandations et d'éloges, il se soit fait beaucoup de baux anglais, même entre les propriétaires et les agriculteurs qui les avaient le plus vantés : la raison nous en paraît fort simple. Pour qu'une méthode s'introduise dans un pays, il faut qu'elle soit en harmonie avec ses mœurs et ses institutions, et avant de vanter les baux à longs termes, *comme le remède aux maux de l'agriculture française*, on a oublié de se demander :

« Dans quelles conditions les baux à longs termes sont-ils » faits en Angleterre? »

« La France est-elle dans ces conditions? »

Si on avait procédé ainsi, comme le voulaient la logique et l'expérience, on aurait bientôt reconnu qu'il n'y a peut-être pas deux pays qui diffèrent plus que la France et l'Angleterre dans la constitution de la propriété, dans celle de l'agriculture, et dans les mœurs des propriétaires et des cultivateurs.

En Angleterre, chacun le sait, la propriété est concentrée dans les mains de quelques grands seigneurs, depuis la conquête des Normands, et, ce qui est surtout important pour la question, elle est perpétuellement substituée.

En France, toutes nos lois conduisent à la division du sol ; il est déjà très-morcelé et le devient chaque jour davantage : les grands domaines tendent à disparaître, car, un ou deux partages les détruisent, et il faudrait des siècles ou une conquête pour les recréer. Ainsi, tandis qu'un propriétaire anglais, qui n'est en réalité que l'usufruitier de son bien, peut le louer pour une longue période sans aucun inconvénient, puisque ce bien ne pourra pas plus être divisé ou vendu par le propriétaire futur que par le titulaire actuel, comment pourrait-on demander à un propriétaire français qui, ayant des enfants, est déjà arrivé à 40 ou 50 ans, d'engager pour 18 ou 27 ans un domaine dont le partage et la division, après sa mort, sont l'avenir certain. Les héritiers auront, peut-être, besoin de leurs capitaux dans leurs carrières ; ils voudront arrondir le bien qu'ils habitent, et par ces motifs tout légi-

— 15 —

times, ils désireront vendre leur part du domaine paternel. Un bail d'une très-longue durée leur causerait alors un grave préjudice. Voilà ce qui se présente chez nous dans la plupart des successions.

Ainsi, tandis qu'en Angleterre le sol presque tout entier est immobilisé, et que la terre manque toujours à l'acheteur, en France, c'est l'acheteur qui manque à la propriété, dont la constitution, essentiellement mobilisable, est antipathique à un engagement qui immobiliserait sa jouissance.

Mais ce n'est pas tout : comparons les mœurs des propriétaires et ceux des cultivateurs dans les deux pays.

En Angleterre, les propriétaires laissent les carrières publiques à leurs cadets et n'acceptent que celle des parlements, parce qu'elle ne les éloigne pas de chez eux; ils ont de tout temps habité leurs immenses domaines. Enfants, ils ont pris ce goût de leurs parents, et leur éducation ne manque pas de le développer par des études toutes spéciales. Devenus hommes, ils s'occupent constamment de ces biens qu'ils ont sans cesse sous les yeux. Ils sont presque tous de véritables agriculteurs, et la plupart ont des fermes expérimentales.

D'un autre côté, comme les capitaux ne peuvent se placer en terres, il se trouve un grand nombre de cultivateurs riches, bien élevés, instruits, qui possèdent des économies et qui se présentent aux propriétaires avec 50, 60 et 80 mille francs à mettre en améliorations dans un domaine, si on leur passe un long bail avec des conditions qui leur permettent de rentrer dans leurs avances. Ces agriculteurs sont tellement considérés que, pour eux, l'Angleterre a inventé la dénomination de *gentleman farmer* (1), qui n'a pas son analogue dans l'industrie.

On comprend qu'entre de telles parties un contrat, aussi

(1) Gentilhomme cultivateur.

difficile et aussi important qu'un bail à long terme, puisse être sérieusement discuté et consenti à l'avantage de l'une et de l'autre.

En France, vous le savez, Messieurs, ni l'exemple de nos pères, ni les enseignements du collége n'ont pu nous donner les goûts et l'instruction agricoles. La propriété est, ou peut être la condition de tout le monde, et cependant chacun de nous a fait ses études, puis est devenu négociant, avocat, médecin, magistrat, militaire, diplomate, etc., sans que, depuis son enfance, on lui ait fait ouvrir, ou qu'il lui ait pris l'idée d'ouvrir un ouvrage agricole qui le mette à même de bien gérer, dans son propre intérêt comme dans l'intérêt général, le domaine acquis par lui ou transmis par ses parents.

Me permettrez-vous, Messieurs, de vous citer en toute humilité une des phases de ma vie de propriétaire agriculteur :

Je me souviens qu'après avoir été successivement bachelier, élève de l'Ecole Polytechnique, officier d'artillerie, j'eus à passer des baux. Eh bien ! je les fis détestables, aussi mauvais pour moi que pour mes fermiers, puisqu'ils amenaient presqu'inévitablement à l'épuisement du sol, c'est-à-dire, à la gêne du fermier et à la diminution de mon revenu. Pouvait-il en être autrement, Messieurs; dans tout le cours de mes études, je n'avais pas une seule fois entendu parler d'agriculture. Plus tard, je quittai le service et vins habiter mes biens : dès que je m'en occupai, je reconnus ma profonde ignorance ; j'ouvris de bons ouvrages, je les dévorai, car j'y trouvais à chaque page à utiliser mes études, dont on ne m'avait pas indiqué l'application. J'allai visiter et étudier les meilleures cultures, les terres les mieux administrées, et enfin, j'ai fondé chez moi une exploitation qui passe pour bien et utilement conduite, et j'ai repassé des baux progressifs qui, tout en augmentant mon revenu, ont donné plus d'aisance à mes fermiers.

Me pardonnerez-vous, Messieurs, cette digression? Mais cette histoire n'est-elle pas celle de beaucoup de propriétaires de France, de plusieurs de vous peut-être? Et malheureusement ne s'arrête-elle pas, bien souvent, à la première période pour ceux qui ont continué leurs carrières, ou qui n'ont jamais pris de goûts agricoles.

Voilà ce que sont les propriétaires français.

De leur côté, les cultivateurs sont bons praticiens; mais ils ont, en général, un profond éloignement pour l'instruction agricole et surtout pour la comptabilité, qui seule cependant, peut leur permettre de se rendre compte de leurs entreprises.

Dans ces dispositions, se présenteront-ils, surtout avec des capitaux suffisants, pour contracter une obligation de l'importance d'un bail de 18 ou de 27 ans? D'après Thaer, Gasparin, Adams Smith, le capital nécessaire dans une culture améliorée, pour les avances de cheptel, c'est-à-dire, de bestiaux et d'instruments aratoires, pour celles de nourritures, de journées d'ouvriers, et enfin pour une année de fermage, ce capital, disons-nous, est de 750 à 800 francs par hectare; à Grignon, on le porte à 900 francs. Cela fait pour une ferme de 50 hectares un capital de 40,000 francs. Combien trouverions-nous, en France, de cultivateurs qui, même avec un long bail, voudraient risquer cette somme en améliorations sur une ferme louée, et qui, s'ils la possèdent, ne préféreraient pas la placer en acquisitions foncières? Ils seraient bien rares, Messieurs, car, tandis que le cultivateur anglais ne voit dans une ferme qu'un moyen de faire fructifier son capital, comme il le ferait dans le commerce, sans se soucier de devenir lui-même propriétaire foncier, le français de toutes les classes, pousse jusqu'au fanatisme et souvent jusqu'à sa ruine, le désir de la propriété ; à tel point qu'au lieu de commencer par mettre en plein rapport ses champs, on le voit chaque jour les grever d'hypothèques, tout maigres qu'ils sont, pour en acheter encore d'autres.

Comment voudriez-vous, Messieurs, qu'avec ces idées, ces habitudes, cette position pécuniaire et cette condition sociale, les propriétaires et les cultivateurs français pussent s'engager pour 20 et 30 ans? Aussi, dernièrement, le comice de Gisors, après une discussion fort remarquable, exprimait-t-il l'avis : « Que la variation de valeur des monnaies et des » denrées ne permettait guère au propriétaire ni au fermier » de s'engager pour plus de 12 ans, et que cette durée ne » pouvait être prolongée que si les cultivateurs prenaient des » fermes proportionnées à leur capital d'exploitation. »

Non, Messieurs, pas d'illusions, et surtout pas de conseils imprudents ou même inutiles de la part d'une assemblée aussi grave que la vôtre. Disons-le franchement : les baux à longs termes ne sont guère applicables à la propriété et à l'agriculture françaises. Non, ce n'est pas là qu'il faut chercher le remède au mal signalé et qui n'est que trop réel.

Ce mal, Messieurs, il est dans nos goûts, dans notre éducation, dans nos mœurs, dans nos habitudes, qui rendent le plus grand nombre des propriétaires étrangers à l'administration de leurs fermes et aux plus simples données agricoles ; le remède, la seule condition de progrès, consiste à répandre par tous les moyens possibles chez nous, certaines données élémentaires d'agriculture, et le goût des intérêts agricoles.

Déjà les comices, les sociétés, les Congrès ont produit un grand bien : des propriétaires, attirés d'abord par curiosité, y ont entendu de bonnes paroles ; ils ont compris qu'ils avaient à apprendre des choses utiles à leurs intérêts, et poussés par ce vif stimulant, ils se sont mis à leur tour à étudier et bientôt à améliorer avec intelligence. Il y a vingt ans encore on n'aurait pas eu l'idée de parler *agriculture* dans un salon ; la poésie, l'histoire, la politique y avaient seuls accès. Un propriétaire du monde élégant qui se serait avisé de diriger lui-même une culture, aurait passé pour un imprudent qui courait à sa ruine et qui allait changer ses mœurs policées pour des habitudes peu relevées. En un mot, l'agriculture n'était pour tout le monde qu'un métier de laboureur. Aujourd'hui la conversation qui a trait à nos champs et à l'agriculture est écoutée partout avec intérêt, et ne paraît déplacée nulle part. Les propriétaires les plus considérables briguent les couronnes des concours agricoles. Nous sommes en voie de progrès, et la mode elle-même semble se tourner vers les travaux des champs. En France, la mode est une grande puissance ; mais elle est bien changeante, et, qu'une guerre ou de grandes entreprises industrielles viennent captiver les esprits, les champs seront promptement oubliés. Il faut donc assurer l'avenir.

Nous l'avons déjà dit : chacun en France est propriétaire, ou peut le devenir. N'en résulte-t-il pas cette conséquence, qu'il est urgent de préparer un état de choses tel que nul ne soit pris au dépourvu le jour où l'administration d'un domaine viendra à tomber entre ses mains.

L'éducation, Messieurs, l'éducation seule pourra satisfaire à ce besoin jusqu'ici méconnu.

Aujourd'hui les enfants et les jeunes gens dans les colléges, apprennent tout, sauf les notions les plus élémentaires de ce qui leur sera si utile un jour ; et plus tard, quand ils auront, pour leurs propres biens ou pour ceux des autres, à combiner les intérêts de la propriété avec ceux du fermier qui l'exploite, lorsqu'ils devront comme notaires, comme avocats, comme juges, traiter, plaider ou décider des questions agricoles, ils n'auront aucune donnée qui les dirige ; ils seront exposés à faire les fautes les plus malheureuses, dont les conséquences pourront être fatales à la propriété ou décourager les meilleurs cultivateurs.

Il faudrait donc en France, plus que dans tout autre pays, Messieurs, qu'il n'y eût pas un collége, pas une pension, pas une école de village, où l'on ne donnât de bons principes d'économie agricole dirigés dans le but, non pas de faire des demi-cultivateurs, ce qui serait détestable, mais de donner à tous les propriétaires présents ou futurs, à tous les cultivateurs grands et petits, le goût de leurs propriétés et de leur agriculture, et les moyens de les administrer avec intelligence. Ils emporteraient ces notions élémentaires dans toutes leurs carrières, avec le souvenir de leurs études, et ils appliqueraient ces données agricoles bien plus souvent que leurs humanités.

Mais, répond-on, quelles théories agricoles seront les bonnes? Où trouvera-t-on des professeurs?

Nous le savons, Messieurs, dans l'université on a jusqu'ici repoussé la généralisation d'un enseignement élémentaire d'économie agricole, en répondant que les années consacrées aux études étaient tellement remplies, qu'il était impossible d'en distraire un temps suffisant pour justifier l'établissement et les frais d'un nouveau cours. Nous savons encore qu'on a objecté la crainte de l'anarchie des méthodes et de l'introduction du détail des pratiques, qui deviendrait inutile et souvent nuisible. Cependant, déjà dans certains départements, les cours ont réussi. On nous cite au Congrès même, le cours du collége de Reims, qui réunit beaucoup d'élèves, et surtout les cours ambulants de Normandie. Le Préfet fait savoir aux maires le jour où le professeur ira dans les communes faire aux mairies une leçon d'agriculture; les cultivateurs s'y rendent à l'envi, et l'on remarque déjà qu'ils appliquent ce qu'ils ont entendu. Ne repoussons donc pas cet élément de progrès là où il peut être employé.

Mais il est un autre moyen de généraliser l'enseignement agricole, qui ne présente aucune difficulté, n'entraîne point de dépenses, et répond aux objections faites contre les cours.

Nous avons aujourd'hui un grand nombre de manuels élémentaires courts, concis, rédigés avec talent et dont les principes ne sont contestés par personne. Les sociétés locales, la société centrale de Paris, le ministère de l'Agriculture, les ont couronnés et adoptés, et en répandent même un assez grand nombre d'exemplaires chaque année; mais ces publications sont malheureusement restreintes aux membres des sociétés et aux agriculteurs déjà éclairés.

Qui conteste le mérite et les doctrines des petits ouvrages de Jacques Bugeaud, du calendrier de Mathieu de Dombasle, des guides du propriétaire pour les biens ruraux affermés et pour les biens soumis au métayage, par M. le comte de Gasparin? Et cependant combien peu de propriétaires, de cultivateurs mêmes, connaissent ces véritables trésors de science et de philanthropie qui, plus répandus, seraient la source de progrès incalculables.

Puisqu'ils sont déjà adoptés par tout le monde, et publiés par le gouvernement et les sociétés, pourquoi ne pas les prendre pour bases, non point de pratiques officielles, mais d'un enseignement élémentaire d'économie agricole qui s'appliquera ensuite à toutes les pratiques, à toutes les localités?

Dès lors la généralisation de cet enseignement ne présente plus ni frais, ni difficultés, ni dangers. Tous les professeurs peuvent expliquer et faire apprendre aux élèves ces précieux ouvrages qui deviendraient la base de l'enseignement dans les écoles secondaires; d'autres manuels plus simples encore et rédigés au point de vue de chaque localité, d'après les inspirations des sociétés et comices, seraient indiqués à tous les instituteurs avec injonction de les faire entrer dans leur enseignement.

Voyez, Messieurs, comme tout cela est facile ; certes, l'exigence n'est pas grande, et il nous paraît impossible qu'en présence d'un si grand intérêt, la mesure que nous venons de signaler ne soit pas promptement réalisée, lorsqu'elle sera sérieusement expliquée et réclamée.

Et que, pour être simple et facile, on ne lui suppose pas une faible portée.

Croyez-le, Messieurs, lorsque plus tard l'intérêt privé viendra à parler au propriétaire, l'homme se rappellera ce qu'il a appris dans son enfance. Vous le savez, dans toutes les sciences ce sont les premiers éléments, les plus simples données, qui sont les plus difficiles à comprendre ; puis, ces premiers principes généraux une fois bien saisis, l'esprit entre aisément dans la nouvelle voie qui lui est ouverte ; on apprend promptement la langue dont on connaît l'alphabet. Il en sera ainsi de l'économie agricole : l'homme se souviendra toujours des principes généraux, base de toute agriculture intelligente, qu'il aura appris au collége et qui l'auront mis pour toujours sur la bonne voie ; lorsqu'il lui faudra les appliquer, il suivra avec empressement cette direction, et complètera son instruction pratique, parce qu'il en appréciera l'utilité.

Alors le propriétaire comprendra que la terre, même louée pour un prix fixe, ne doit pas être regardée par lui comme un capital dont il cherche uniquement les plus gros intérêts ; il comprendra que cette terre est une fabrique de produits agricoles, et que, semblable à toutes les autres fabriques, elle ne peut être conservée, exploitée, améliorée, qu'à l'aide de capitaux. Il saura que les fermiers en ont rarement assez pour suffire à toutes ces exigences, et qu'en eussent-ils, ils ne les placeront dans cette industrie, que s'ils sont sûrs de les recouvrer.

Dès lors le propriétaire viendra, soit prêter ses capitaux au

fermier à son entrée, soit lui assurer à sa sortie le rembour-
sement de ses avances.

Lorsque ce principe, fécond en conséquences sera pris pour
base des rapports entre le propriétaire et le fermier, la misère de l'exploitation, ses souffrances à la fin de chaque bail,
feront bientôt place aux fertiles progrès poursuivis d'une
manière suivie et sans crises, et les intérêts si longtemps
opposés viendront tout naturellement se concilier dans un
intérêt commun, la richesse du sol.

De son côté, le cultivateur, initié dès son enfance aux vrais
principes d'une bonne culture, ne rejettera plus systémati-
quement tout ce qui n'est pas la routine ; il croira aux progrès
sages et productifs ; il ne repoussera pas sans examen, l'inter-
vention de la chimie, de la physique, de la botanique, de ces
belles sciences si intimement liées à l'agriculture, qui seules
lui permettent de se rendre compte des faits et de prévoir
souvent l'avenir, et dont nous voyons les adeptes diriger
avec tant de succès depuis quelques années leurs études vers
les intérêts agricoles ; il comprendra combien une comptabilité lui est précieuse, puisqu'elle jette le jour dans ses opéra-
tions si nombreuses et si compliquées, et lui montre, pour
chaque localité, celles qui le laissent en pertes ; il verra
bientôt qu'il ne doit avoir qu'une culture proportionnée à son
capital d'exploitation, et qu'avant d'acheter ou de louer un
seul nouveau champ, il doit d'abord mettre tous ceux qu'il
cultive, en parfait état. Alors diminuera notablement cette
perpétuelle mutation dans les propriétaires et les cultivateurs
français, qui, si elle remplit le trésor public, vide la bourse
des uns et des autres, et épuise la richesse foncière ; car, si
matériellement, les droits énormes qui résultent de ces mu-
tations viennent augmenter le capital d'acquisition et sont un
énorme impôt foncier, il y a en outre, dans le seul fait du
changement de propriétaire ou de fermier, un tel dommage
pour la ferme ; que les cultivateurs le comparent à celui d'un

incendie. Enfin le fermier, trouvant dans son propriétaire un protecteur, un ami éclairé, un capitaliste dont la bourse lui est ouverte, en remplaçant les intérêts usuraires qu'il ne devait que trop souvent subir dans les campagnes, par un partage des bénéfices obtenus avec ces capitaux, le fermier, disons-nous, rendra en affection personnelle comme en attachement pour sa culture, en exactitude et en honnêteté, les services qu'il aura reçus.

Ces rapports nouveaux ne seraient fondés que sur l'équité la plus stricte, et cependant, ils n'existent presque nulle part ; mais reconnaissons-le, c'est qu'il faut au propriétaire comme au fermier, pour prévoir les résultats des avances et les bien employer, pour agir dans un but d'avenir au lieu de se borner aux courtes vues du moment, il leur faut, disons-nous, une certaine instruction spéciale. Il leur faut en économie agricole, la science pratique du capitaliste qui, au lieu de laisser dormir ses fonds dans sa caisse, sait les placer d'une manière fructueuse.

Le propriétaire aura souvent à faire des avances à son fermier pour deux raisons : la première, c'est qu'elles sont souvent indispensables pour l'exploitation de la ferme, et surtout qu'elles sont de nature à durer au-delà de la fin du bail ; et alors, il est bien juste qu'elles soient faites par celui qui y a un intérêt permanent, et non par celui qui n'y est que transitoirement intéressé ; la deuxième, c'est que la plupart du temps, le fermier n'a guère de capitaux.

Ces avances peuvent être de plusieurs sortes : améliorations dans la distribution des bâtiments et dans le nivellement des cours, fossés d'irrigation et d'écoulement, marnages, etc., tous travaux dont le fermier devra payer l'intérêt dans son bail, et certes, il le fera volontiers. Elles pourront encore consister en un bail progressif, mode de location très-utile et parfaitement applicable à nos usages. Voici en quoi il consiste : En supposant un fermage normal de 100 fr. par hectare pour douze ans, le fermier paiera pendant les quatre premières années 90 fr., pendant les quatre suivantes 100 fr., et pendant les quatre dernières 110 fr. (On peut faire varier la progression comme la durée du bail, en conservant le même rapport entre le premier et le dernier terme). Le propriétaire aura touché au bout de 12 ans une rente moyenne au prix normal de 100 fr.; seulement il aura avancé à son fermier, pendant chacune des quatre premières années, 10 fr. que ce dernier lui rendra dans la dernière période. Or, l'entrée en ferme est toujours le moment épineux pour le fermier, il lui faut faire des avances de toutes natures, il ne connaît pas encore bien ses terres; s'il est étranger, il n'a pas encore apprécié le pays, ses ressources, ses débouchés; il n'a pu encore se former des ouvriers, étudier leur caractère, toutes données si nécessaires à la réussite d'une entreprise agricole. C'est donc au moment de cette crise que le fermier a besoin d'être aidé, tandis que plus tard, lorsqu'il aura mis ses terres en parfait état, qu'il se sera identifié avec les nombreux détails qu'il lui faut coordonner, il les dirigera d'une main sûre, et paiera sans contredit, bien plus facilement encore, 110 fr. de fermage qu'il n'en aura payé 90 à son entrée.

De son côté, le propriétaire aura fait, il est vrai, une avance sur son revenu, et cette avance ne lui sera remboursée sans intérêts qu'au bout de huit ans. Mais combien cette avance lui sera productive : en donnant des facilités à son fermier au moment de son entrée, il lui a permis, et il a bien alors le droit de l'exiger, il lui a permis de parfaitement fumer ses terres, et, pour y arriver, d'augmenter le nombre de ses bestiaux, l'étendue de ses prairies artificielles; il peut même en faire la condition de ses avances : la conséquence sera l'amélioration du sol; et, bien souvent à la fin du bail, ce ne sera plus 100 fr., mais 110 fr. que l'hectare pourra être reloué.

Ce bail à fermage progressif, qui a été introduit sur une assez large échelle dans le Pas-de-Calais, (à Havrincourt), est précisément l'opposé du bail désastreux avec un *pot-de-vin*, ou des épingles, payés par le fermier à son entrée en ferme; ce dernier usage est si peu rationnel, si barbare, si absurde, qu'il ne peut s'expliquer que comme un reste féodal du droit de joyeux avènement, payé par chaque nouveau possesseur d'un bien quelconque chargé de redevance; mais alors ces redevances, qui originairement étaient un fermage, se trouvaient réduites à si peu peu de chose, que le droit d'entrée en jouissance était une sorte d'acquisition *viagère* parfaitement justifiée, tandis qu'il est impossible de soutenir et même d'expliquer sérieusement le pot-de-vin, payé par le fermier, presque toujours à court de capitaux, au commencement d'un bail de neuf ans pendant lequel il paie un fermage toujours représentatif du revenu réel. Cet usage barbare qui, du reste tend chaque jour à diminuer, est pernicieux pour l'amélioration du sol, puisqu'il épuise, ou du moins diminue tout d'abord, les ressources avec lesquelles le fermier peut améliorer; il est donc aussi funeste au propriétaire du sol qu'à son occupeur.

Le bail progressif, au contraire, est la véritable réalisation du problême que nous cherchons, « la conciliation des inté- » rêts du propriétaire et de ceux du fermier, avec l'amélio- » ration du sol. »

Mais par la raison même que le propriétaire aura donné au fermier toutes les facilités pour améliorer, il pourra se montrer plus exigeant pour assurer ce résultat.

Ainsi, il devra, soit lui remettre à son entrée un certain nombre d'hectares de prairies artificielles, soit l'aider à les établir, mais avec la condition qu'il en conservera le même nombre et qu'il le rendra encore à sa sortie; et si c'est le fermier qui les a formées, il devra lui être payé une prime convenue par hectare, suivant l'âge et l'état de la prairie, après expertise.

Le propriétaire devra exiger que le fermier ait toujours un

certain nombre moyen de bestiaux; il devra interdire la vente des pailles, l'emploi sur d'autres terres des engrais et des parcages, la succession sans intervalles de cultures épuisantes, du moins dans les dernières années; mais aussi il devra s'engager à rembourser au fermier à la fin du bail, et après expertise, les marnages qui ne seraient pas épuisés, les fumiers restant dans les cours, et ceux qui, transportés dans les champs, n'auraient pas produit, ou même qui n'auraient produit qu'une récolte, enfin, les pailles et les fourrages que le fermier doit être tenu à laisser dans les granges pour son successeur.

Ce n'est que par l'ensemble de ces mesures que le propriétaire parviendra à la fois à préparer l'amélioration de sa terre, et à empêcher son épuisement à la fin de chaque bail. Il sera toujours sûr alors, ou de conserver son fermier, ou d'en trouver facilement un nouveau qui paiera bien volontiers ce qu'aura laissé son prédécesseur, parce que tous ces éléments de culture lui sont indispensables.

De son côté, le fermier pourra jusqu'à la fin continuer le même mode de culture, certain qu'il sera d'être remboursé de toutes ses avances.

Comment voudrait-on, sans ces conditions, qu'il conservât des bestiaux, fumât ses terres et continuât enfin toutes les dépenses d'avenir, jusqu'à la fin de son bail, puisqu'il ne retirerait pas le bénéfice de ses engrais, qui, en général, durent au moins deux ans. Mais, dès qu'il sera sûr d'en être payé en *argent*, au lieu de l'être en *récoltes*, il continuera sans interruption sa culture normale.

Quant au successeur, il trouvera les terres en bon état, des engrais, des nourritures : il lui faudra donc un premier capital moins considérable. Le propriétaire recueillera alors le fruit de ses prévoyantes avances, car il trouvera pour sa ferme plus de concurrence et plus de rente.

Les intérêts des deux parties se trouveraient enfin conciliés et le but tant cherché, *l'amélioration du sol* atteint.

Telles seront, Messieurs, les heureuses conséquences de l'introduction dans nos habitudes, des goûts et d'une certaine instruction agricoles. Nous le répétons, jamais on n'obtiendra d'une manière un peu sérieuse une transformation aussi considérable dans les mœurs de notre pays, si l'on ne s'adresse pas à tous, dès leur enfance, par l'enseignement des colléges et des écoles. C'est en exprimant avec la plus vive insistance ce vœu important, Messieurs, que vous obtiendrez l'application des principes posés dans votre programme.

Il resterait encore cependant, pour compléter l'ensemble des mesures qui doivent vivifier notre agriculture, à demander au gouvernement son concours actif. Ainsi, les expertises de fin de bail demandent des hommes ayant une instruction et des connaissances spéciales : il serait très-utile que le gouvernement s'occupât de mettre à la portée des cultivateurs et des propriétaires, des experts assermentés, surveillés par le parquet, qui aient justifié de leurs connaissances et dont la liste dressée chaque année, pourrait servir au propriétaire le plus éloigné de son bien.

MM. Mathieu de Dombasle, de Gasparin et d'autres économistes éminents, ont publié d'excellents modèles de baux applicables aux différentes circonstances. Il serait très-désirable que le ministère de l'agriculture fit étudier et établir par ses inspecteurs, par les sociétés et les chambres d'agriculture, de bons modèles de baux pour chaque localité, puis, après les avoir fait imprimer, qu'il enjoignit à chaque notaire d'en avoir un exemplaire dans son étude, avec invitation de le communiquer à ses clients. Personne ne peut se plaindre de ce que la lumière lui soit offerte. Chacun n'en conservera pas moins toute sa liberté, mais au moins chacun se décidera en connaissance de cause.

Ma tâche est achevée Messieurs : j'aurais pu, me renfermant dans la lettre même du programme, me borner à vous proposer de formuler quelques conseils aux cultivateurs et quelques demandes au gouvernement : il en aurait été de ces conclusions comme de celles de tant d'autres réunions ; lues par quelques hommes spéciaux, déjà instruits, elles eussent pu leur être de quelque utilité ; mais ces résultats eussent été bien restreints, parce que n'attaquant le mal que par quelques unes de ses conséquences, nous en eussions laissé subsister la cause.

C'est pour cela, qu'après avoir bien cherché le principe même des souffrances de notre agriculture par les faits de chaque jour, et par la comparaison de nos mœurs agricoles avec ceux de cette riche Angleterre, qui marche si aisément à pas de géants à la tête de tous les progrès, nous sommes arrivés à cette conviction que la cause de notre infériorité, était dans *nos goûts et dans nos habitudes.*

Sans doute, les Anglais trouvent dans leur constitution territoriale des avantages auxquels il faut prudemment renoncer chez nous, mais si cette fixité de la propriété leur est un aide puissant, elle n'est pas la cause incessante, immédiate de leurs progrès.

Le rapprochement entre l'Angleterre et d'autres pays, dont la propriété est constituée de même, le démontre jusqu'à l'évidence. En Espagne, par exemple, il y a aussi d'immenses domaines substitués : le fermage existe, et cependant l'agriculture y est misérable et les propriétés ne rapportent presqu'aucun revenu. Mais, c'est que les grands d'Espagne et les prélats qui possèdent ces domaines, ne les habitent, ne les visitent jamais. Ils ne s'en occupent point et n'auraient pas l'idée de tenter des améliorations : les fermiers sont peu nombreux et font la loi. Comme ils sont indolents et sobres, ils se contentent de trouver leur existence dans une misérable culture, sans songer au moindre progrès. Vous le voyez, Messieurs, les grands domaines espagnols ne diffèrent des domaines anglais que par les mœurs de leurs propriétaires et de leurs fermiers ; et si les Anglais, de propriétaires agriculteurs qu'ils sont tous, devenaient comme les grands d'Espagne, des seigneurs de cour, des hommes d'épée ou de robe, ne vivant qu'à la ville et laissant le soin de leurs biens à leurs hommes d'affaires, bientôt l'agriculture anglaise redescendrait du rang qu'elle doit aujourd'hui à la faveur dont elle jouit dans tous les rangs de la nation anglaise.

Eh bien, Messieurs, sachons profiter, chez nous, des exemples que nous donnent les deux nations voisines de la France. Tout en leur laissant ce qui leur est propre, imitons habilement ce qui nous est applicable. Dès que le chemin est tracé, la route est facile pour celui qui veut fermement arriver : Nous n'en pouvons plus douter, c'est la faveur ou l'abandon qui s'attachent à l'agriculture, c'est le goût général de ses intérêts si importants, de ses habitudes si saines, si morales, qui font sa prospérité ou sa misère, qui créent la richesse ou la pauvreté territoriale d'un pays. Hâtons-nous donc de répandre ces précieux instincts ; et puisqu'il a été facilement démontré que ce n'est que par l'instruction dans le jeune âge qu'on pouvait arriver à modifier sérieusement les goûts et les habitudes d'un peuple, adressons-nous au gouvernement avec l'insistance d'une profonde conviction et de l'importance de nos conseils, afin qu'il n'hésite pas à user de ce puissant levier.

Nous vous proposons donc, Messieurs, d'adopter les conclusions suivantes :

« Le Congrès scientifique, persuadé que les bases de toute » amélioration agricole sont, le goût du propriétaire pour » son bien, et la connaissance, chez le propriétaire et le » fermier, de certains principes élémentaires qui seuls peu- » vent les amener à passer des contrats qui concilient leurs

» intérêts, dans le but commun de l'amélioration du sol, émet
» le vœu :

» Que le gouvernement fasse une part sérieuse à l'ensei-
» gnement agricole dans l'éducation à tous les degrés, soit
» par des cours sédentaires ou ambulants, soit par l'étude
» des manuels les plus estimés.

» Qu'il mette à la portée des propriétaires et des fermiers
» un nombre suffisant d'experts assermentés qui, par leur
» moralité et leur expérience des valeurs agricoles, puissent
» présenter le plus de garanties possibles dans les estimations
» nécessaires à la fin des baux.

» Que le gouvernement fasse dresser pour chaque région
» agricole des modèles de baux, applicables aux différentes
» natures de biens, et ayant pour but *l'amélioration du sol*
» *et la conciliation des intérêts du propriétaire avec ceux du*
» *fermier*. Que chaque notaire soit tenu d'avoir ces modèles
» dans son étude, et engagé à les communiquer à ses clients. »